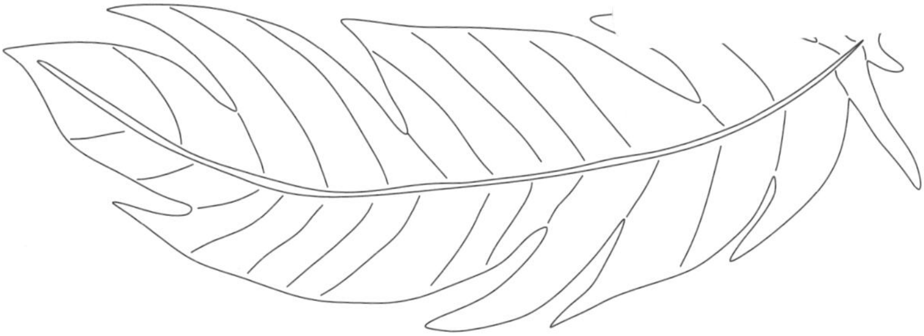

MOOD TRACKER Journal

Mein Leben -
meine Tracker

MOOD

Tracker

Dieses Journal gehört

NAME

....

ADRESSE

....

....

TELEFON / E-MAIL

....

INHALT

Jahresübersicht 6
Über die Autorin. 8
Das wird mein Jahr. 9
Januar. 10
Februar 26
März. 42
April 58
Mai 74
Juni. 90
Juli. 106
August. 122
September 138
Oktober 154
November. 170
Dezember. 186
Mein Jahr in Pixeln 202
Individueller Tracker 203
Individueller Tracker 204

INHALT

Individueller Tracker 205
Möchte ich lesen. 206
Möchte ich sehen. 207
Impressum 208

Jahresübersicht

	JAN	FEB	MÄR	APR	MAI	JUN
1						
2						
3						
4						
5						
6						
7						
8						
9						
10						
11						
12						
13						
14						
15						
16						
17						
18						
19						
20						
21						
22						
23						
24						
25						
26						
27						
28						
29						
30						
31						

	JUL	AUG	SEP	OKT	NOV	DEZ
1						
2						
3						
4						
5						
6						
7						
8						
9						
10						
11						
12						
13						
14						
15						
16						
17						
18						
19						
20						
21						
22						
23						
24						
25						
26						
27						
28						
29						
30						
31						

Über die Autorin

Dieses Mood Diary wurde mit viel Liebe zum Detail von Michelle Tiemann entworfen.

Michelle Tiemann ist in der Planerszene zu Hause, egal ob im Journaling, Lettering, Stempeln oder Bujo. Als gelernte technische Zeichnerin brauchte sie einen kreativen Ausgleich, den sie im Journaling und Lettering gefunden hat. Analog mit Stift, Pinsel und Stempeln den Alltag zu organisieren und schöne Erinnerungen zu gestalten – das ist ihre große Leidenschaft. Michelle Tiemann möchte deshalb mit ihren kreativen Arbeiten auch andere dazu anregen, den „Stift“ selbst in die Hand zu nehmen.

Mit ihrem Kind und Mann lebt sie im Herzen des Ruhrgebietes und liebt es, dort ihre Heimat zu haben.

Als sie keine passenden Stempel zum Journaling/Filofaxen gefunden hat, hat sie sich einfach selbst hingesetzt, eigene entworfen und herstellen lassen. So entstand ihr kleines Start-up „Gero Kreativ“, das sie mit viel Zeit und Herzblut neben ihrem Hauptjob mithilfe der Familie weiter aufbaut.

Unter dem Namen @Gerokreativ ist Michelle Tiemann auf Instagram und in anderen sozialen Medien bekannt. Ihren Instagram-Account füllt sie regelmäßig mit vielen kreativen Bildern. Dort hat sie auch ihre meisten Follower und Fans.

Schreibt ihr eure Gedanken, Anregungen oder Erfahrungen mit dem Mood Journal gerne per E-Mail oder über Social Media:

E-Mail: info@gero-kreativ.de
webshop: www.gero-kreativ.de
Instagram: @gerokreativ
Pinterest: pinterest.de/michelletiemann
Blog: www.minimomimi.com

Das wird *mein* Jahr

JANUAR

januar

Pläne , Wünsche , Ziele

1
2
3
4
5
6
7
8
9
10
11
12
13
14
15
16
17

im Hier *und* Jetzt

MO	DI	MI	DO	FR	SA	SO

TO DO

JANUAR

1	
2	
3	
4	
5	
6	
7	
8	
9	
10	
11	
12	
13	
14	
15	
16	
17	
18	
19	
20	
21	
22	
23	
24	
25	
26	
27	
28	
29	
30	
31	

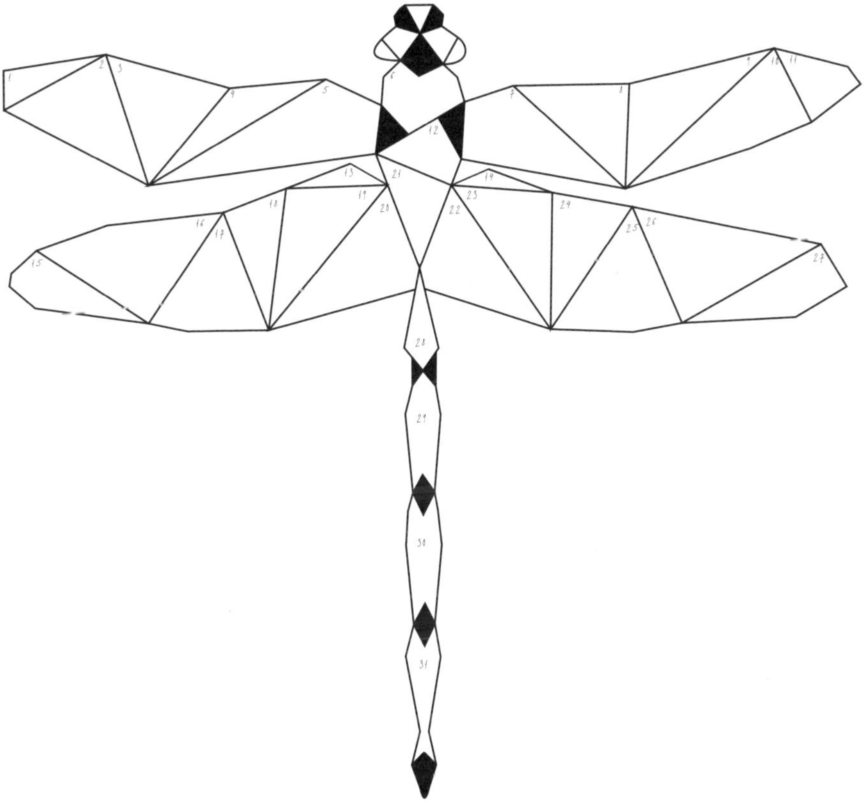
1 2 3 4 5 6 7 8 9 10 11 12 13 14 15 16 17 18 19 20 21 22 23 24 25 26 27 28 29 30 31

Januar . - .

Montag

Dienstag

Mittwoch

	M	D	M	D	F	S	S
1							
2							
3							
4							
5							
6							
7							
8							
9							
10							

Woche

Donnerstag

Freitag

Samstag

was koche ich

MO

DI

MI

DO

FR

SA

SO

Sonntag

dankbar

Januar ☐. - ☐. ☐

Montag

Dienstag

Mittwoch

Donnerstag

Freitag

Samstag

Sonntag

Woche

	M	D	M	D	F	S	S
1							
2							
3							
4							
5							
6							
7							
8							
9							
10							

dankbar

was koche ich

MO

DI

MI

DO

FR

SA

SO

Januar ____. - ____. ______

was koche ich

MO ____________________

DI ____________________

MI ____________________

DO ____________________

FR ____________________

SA ____________________

SO

Montag

Dienstag

Mittwoch

Donnerstag

- [ ] ....
- [ ] ....
- [ ] ....

- [ ] ....
- [ ] ....
- [ ] ....

Woche

Freitag

	M	D	M	D	F	S	S
1							
2							
3							
4							
5							
6							
7							
8							
9							
10							

Samstag

dankbar

Sonntag

genug getrunken ?

MO

DI

MI

DO

FR

SA

SO

Januar . - .

	M	D	M	D	F	S	S
1							
2							
3							
4							
5							
6							
7							
8							
9							
10							

was koche ich

MO

DI

MI

DO

FR

SA

SO

dankbar

Woche

Montag

Dienstag

Mittwoch

Donnerstag

Freitag

Samstag

Sonntag

Januar . - .

Montag

Dienstag

genug getrunken ?

MO
DI
MI
DO
FR
SA
SO

Mittwoch

Donnerstag

was koche ich

MO

DI

MI

DO

FR

SA

SO

	M	D	M	D	F	S	S
1							
2							
3							
4							
5							
6							
7							
8							
9							
10							

Woche

Freitag

Samstag

Sonntag

dankbar

HABIT TRACKER

Januar

							01	02	03	04	05	06	07	08	09	10	11	12
13	14	15	16	17	18	19	20	21	22	23	24	25	26	27	28	29	30	31

							01	02	03	04	05	06	07	08	09	10	11	12
13	14	15	16	17	18	19	20	21	22	23	24	25	26	27	28	29	30	31

							01	02	03	04	05	06	07	08	09	10	11	12
13	14	15	16	17	18	19	20	21	22	23	24	25	26	27	28	29	30	31

							01	02	03	04	05	06	07	08	09	10	11	12
13	14	15	16	17	18	19	20	21	22	23	24	25	26	27	28	29	30	31

							01	02	03	04	05	06	07	08	09	10	11	12
13	14	15	16	17	18	19	20	21	22	23	24	25	26	27	28	29	30	31

							01	02	03	04	05	06	07	08	09	10	11	12
13	14	15	16	17	18	19	20	21	22	23	24	25	26	27	28	29	30	31

							01	02	03	04	05	06	07	08	09	10	11	12
13	14	15	16	17	18	19	20	21	22	23	24	25	26	27	28	29	30	31

							01	02	03	04	05	06	07	08	09	10	11	12
13	14	15	16	17	18	19	20	21	22	23	24	25	26	27	28	29	30	31

Schöne Momente & Positive Gedanken

FEBRUAR

februar

Pläne , Wünsche , Ziele

1
2
3
4
5
6
7
8
9
10
11
12
13
14
15
16
17

nicht alles glauben *was man* denkt

MO	DI	MI	DO	FR	SA	SO

TO DO

FEBRUAR

1	
2	
3	
4	
5	
6	
7	
8	
9	
10	
11	
12	
13	
14	
15	
16	
17	
18	
19	
20	
21	
22	
23	
24	
25	
26	
27	
28	
29	

1
2
3
4
5
6
7
8
9
10
11
12
13
14
15
16
17
18
19
20
21
22
23
24
25
26
27
28
29

Februar

Montag

Dienstag

Mittwoch

	M	D	M	D	F	S	S
1							
2							
3							
4							
5							
6							
7							
8							
9							
10							

Woche

Donnerstag

Freitag

Samstag

was koche ich

MO

DI

MI

DO

FR

SA

SO

dankbar

Sonntag

Februar . - .

Montag

Dienstag

Mittwoch

Donnerstag

Freitag

Samstag

Sonntag

Woche

	M	D	M	D	F	S	S
1							
2							
3							
4							
5							
6							
7							
8							
9							
10							

dankbar

was koche ich

MO

DI

MI

DO

FR

SA

SO

Februar . - .

was koche ich

MO

DI

MI

DO

FR

SA

SO

Montag

Dienstag

Mittwoch

Donnerstag

Woche

Freitag

	M	D	M	D	F	S	S
1							
2							
3							
4							
5							
6							
7							
8							
9							
10							

Samstag

dankbar

Sonntag

genug getrunken?

MO

DI

MI

DO

FR

SA

SO

Februar . - .

	M	D	M	D	F	S	S
1							
2							
3							
4							
5							
6							
7							
8							
9							
10							

was koche ich

MO

DI

MI

DO

FR

SA

SO

dankbar

Woche

Montag

Dienstag

Mittwoch

Donnerstag

Freitag

Samstag

Sonntag

Februar . - .

Montag

genug getrunken ?

MO
DI
MI
DO
FR
SA
SO

Dienstag

Mittwoch

Donnerstag

was koche ich

MO
DI
MI
DO
FR
SA
SO

	M	D	M	D	F	S	S
1							
2							
3							
4							
5							
6							
7							
8							
9							
10							

Woche

Freitag

Samstag

Sonntag

dankbar

HABIT TRACKER

Februar

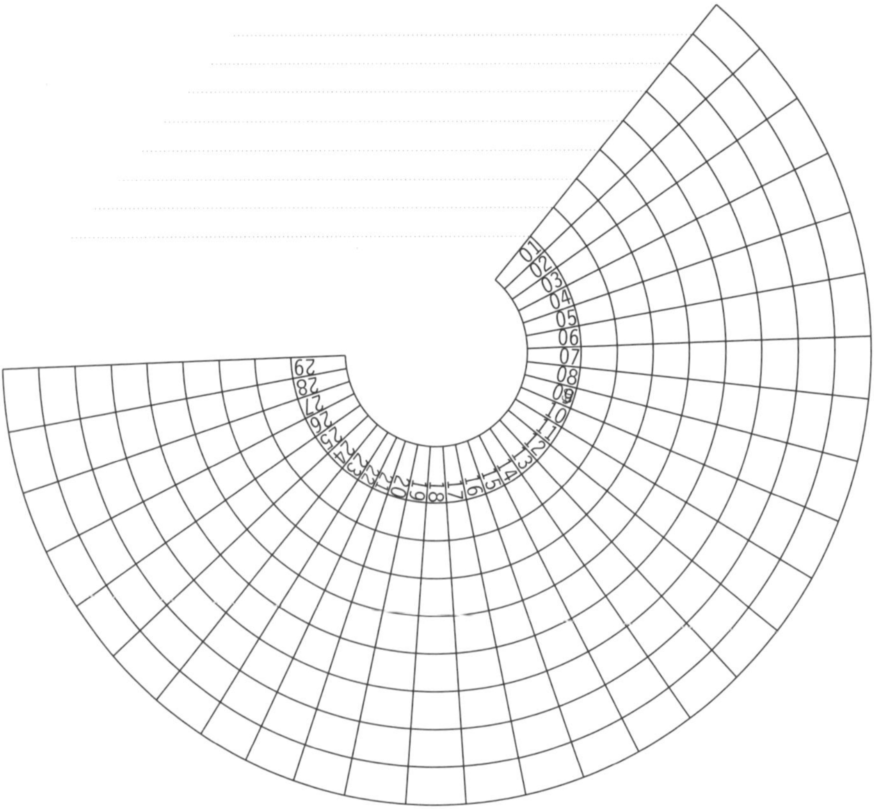

Schöne Momente & Positive Gedanken

MÄRZ

märz

Pläne , Wünsche , Ziele

1
2
3
4
5
6
7
8
9
10
11
12
13
14
15
16
17

nimm DIR Zeit

MO	DI	MI	DO	FR	SA	SO

TO DO

MÄRZ

1	
2	
3	
4	
5	
6	
7	
8	
9	
10	
11	
12	
13	
14	
15	
16	
17	
18	
19	
20	
21	
22	
23	
24	
25	
26	
27	
28	
29	
30	
31	

1
2
3
4
5
6
7
8
9
10
11
12
13
14
15
16
17
18
19
20
21
22
23
24
25
26
27
28
29
30
31

März . - .

Montag

Dienstag

Mittwoch

	M	D	M	D	F	S	S
1							
2							
3							
4							
5							
6							
7							
8							
9							
10							

Woche

Donnerstag

Freitag

Samstag

was koche ich

MO

DI

MI

DO

FR

SA

SO

dankbar

Sonntag

März . - .

Montag

Dienstag

Mittwoch

Donnerstag

Freitag

Samstag

Sonntag

Woche

	M	D	M	D	F	S	S
1							
2							
3							
4							
5							
6							
7							
8							
9							
10							

dankbar

was koche ich

MO

DI

MI

DO

FR

SA

SO

März ☐. - ☐. ☐

was koche ich

- MO ____________
- DI ____________
- MI ____________
- DO ____________
- FR ____________
- SA ____________
- SO

Montag

Dienstag

Mittwoch

Donnerstag

- ☐ ....
- ☐ ....
- ☐ ....

- ☐ ....
- ☐ ....
- ☐ ....

Woche

Freitag

	M	D	M	D	F	S	S
1							
2							
3							
4							
5							
6							
7							
8							
9							
10							

Samstag

dankbar

Sonntag

genug getrunken?

MO

DI

MI

DO

FR

SA

SO

März __ . - __ . ____

	M	D	M	D	F	S	S
1							
2							
3							
4							
5							
6							
7							
8							
9							
10							

was koche ich

MO

DI

MI

DO

FR

SA

SO

dankbar

Woche

Montag

Dienstag

Mittwoch

Donnerstag

Freitag

Samstag

Sonntag

März . - .

Montag

Dienstag

genug getrunken ?

MO
DI
MI
DO
FR
SA
SO

Mittwoch

Donnerstag

was koche ich

MO
DI
MI
DO
FR
SA
SO

	M	D	M	D	F	S	S
1							
2							
3							
4							
5							
6							
7							
8							
9							
10							

Woche

Freitag

Samstag

Sonntag

dankbar

HABIT TRACKER

März

31								
30								
29								
28								
27								
26								
25								
24								
23								
22								
21								
20								
19								
18								
17								
16								
15								
14								
13								
12								
11								
10								
09								
08								
07								
06								
05								
04								
03								
02								
01								

Schöne Momente & Positive Gedanken

APRIL

april

Pläne , Wünsche , Ziele

1
2
3
4
5
6
7
8
9
10
11
12
13
14
15
16
17

Denke positiv

MO	DI	MI	DO	FR	SA	SO

TO DO

APRIL

1	
2	
3	
4	
5	
6	
7	
8	
9	
10	
11	
12	
13	
14	
15	
16	
17	
18	
19	
20	
21	
22	
23	
24	
25	
26	
27	
28	
29	
30	

1
2
3
4
5
6
7
8
9
10
11
12
13
14
15
16
17
18
19
20
21
22
23
24
25
26
27
28
29
30

☐ ....

☐ ....

☐ ....

☐ ....

☐ ....

☐ ....

April . - .

Montag

Dienstag

Mittwoch

	M	D	M	D	F	S	S
1							
2							
3							
4							
5							
6							
7							
8							
9							
10							

Woche

Donnerstag

Freitag

Samstag

was koche ich

MO

DI

MI

DO

FR

SA

SO

Sonntag

dankbar

April . - .

Montag

Dienstag

Mittwoch

Donnerstag

Freitag

Samstag

Sonntag

Woche

	M	D	M	D	F	S	S
1							
2							
3							
4							
5							
6							
7							
8							
9							
10							

dankbar

was koche ich

MO

DI

MI

DO

FR

SA

SO

April . - .

was koche ich

MO

DI

MI

DO

FR

SA

SO

Montag

Dienstag

Mittwoch

Donnerstag

Woche

Freitag

	M	D	M	D	F	S	S
1							
2							
3							
4							
5							
6							
7							
8							
9							
10							

Samstag

dankbar

Sonntag

genug getrunken ?

MO

DI

MI

DO

FR

SA

SO

April . - .

M D M D F S S

	M	D	M	D	F	S	S
1							
2							
3							
4							
5							
6							
7							
8							
9							
10							

was koche ich

MO

DI

MI

DO

FR

SA

SO

dankbar

Woche

Montag

Dienstag

Mittwoch

Donnerstag

Freitag

Samstag

Sonntag

April . - .

Montag

Dienstag

genug getrunken ?

MO							
DI							
MI							
DO							
FR							
SA							
SO							

Mittwoch

Donnerstag

was koche ich

MO

DI

MI

DO

FR

SA

SO

	M	D	M	D	F	S	S
1							
2							
3							
4							
5							
6							
7							
8							
9							
10							

Woche

Freitag

Samstag

Sonntag

dankbar

HABIT TRACKER

April

								01	02	03	04	05	06	07	08	09	10	11
12	13	14	15	16	17	18	19	20	21	22	23	24	25	26	27	28	29	30

								01	02	03	04	05	06	07	08	09	10	11
12	13	14	15	16	17	18	19	20	21	22	23	24	25	26	27	28	29	30

								01	02	03	04	05	06	07	08	09	10	11
12	13	14	15	16	17	18	19	20	21	22	23	24	25	26	27	28	29	30

								01	02	03	04	05	06	07	08	09	10	11
12	13	14	15	16	17	18	19	20	21	22	23	24	25	26	27	28	29	30

								01	02	03	04	05	06	07	08	09	10	11
12	13	14	15	16	17	18	19	20	21	22	23	24	25	26	27	28	29	30

								01	02	03	04	05	06	07	08	09	10	11
12	13	14	15	16	17	18	19	20	21	22	23	24	25	26	27	28	29	30

								01	02	03	04	05	06	07	08	09	10	11
12	13	14	15	16	17	18	19	20	21	22	23	24	25	26	27	28	29	30

								01	02	03	04	05	06	07	08	09	10	11
12	13	14	15	16	17	18	19	20	21	22	23	24	25	26	27	28	29	30

Schöne Momente & Positive Gedanken

Mai

Mai

Pläne , Wünsche , Ziele

1
2
3
4
5
6
7
8
9
10
11
12
13
14
15
16
17

Genieße JEDEN Tag

MO	DI	MI	DO	FR	SA	SO

TO DO

MAI

1	
2	
3	
4	
5	
6	
7	
8	
9	
10	
11	
12	
13	
14	
15	
16	
17	
18	
19	
20	
21	
22	
23	
24	
25	
26	
27	
28	
29	
30	
31	

1
2
3
4
5
6
7
8
9
10
11
12
13
14
15
16
17
18
19
20
21
22
23
24
25
26
27
28
29
30
31

Mai . - .

Montag

Dienstag

Mittwoch

	M	D	M	D	F	S	S
1							
2							
3							
4							
5							
6							
7							
8							
9							
10							

- [ ]
- [ ]
- [ ]

- [ ]
- [ ]
- [ ]
- [ ]

Woche

Donnerstag

Freitag

Samstag

was koche ich

MO

DI

MI

DO

FR

SA

SO

Sonntag

dankbar

Mai . - .

Montag

Dienstag

Mittwoch

Donnerstag

Freitag

Samstag

Sonntag

Woche

	M	D	M	D	F	S	S
1							
2							
3							
4							
5							
6							
7							
8							
9							
10							

dankbar

was koche ich

MO

DI

MI

DO

FR

SA

SO

Mai . - .

was koche ich

MO

DI

MI

DO

FR

SA

SO

Montag

Dienstag

Mittwoch

Donnerstag

Woche

Freitag

	M	D	M	D	F	S	S
1							
2							
3							
4							
5							
6							
7							
8							
9							
10							

Samstag

dankbar

Sonntag

genug getrunken ?

MO							
DI							
MI							
DO							
FR							
SA							
SO							

Mai . - .

	M	D	M	D	F	S	S
1							
2							
3							
4							
5							
6							
7							
8							
9							
10							

was koche ich

MO

DI

MI

DO

FR

SA

SO

dankbar

Woche

Montag

Dienstag

Mittwoch

Donnerstag

Freitag

Samstag

Sonntag

Mai . - .

Montag

Dienstag

Mittwoch

Donnerstag

genug getrunken ?

MO							
DI							
MI							
DO							
FR							
SA							
SO							

was koche ich

MO

DI

MI

DO

FR

SA

SO

	M	D	M	D	F	S	S
1							
2							
3							
4							
5							
6							
7							
8							
9							
10							

Woche

Freitag

Samstag

Sonntag

dankbar

HABIT TRACKER

Mai

31								
30								
29								
28								
27								
26								
25								
24								
23								
22								
21								
20								
19								
18								
17								
16								
15								
14								
13								
12								
11								
10								
09								
08								
07								
06								
05								
04								
03								
02								
01								

Schöne Momente & Positive Gedanken

JUNI

juni

Pläne , Wünsche , Ziele

1
2
3
4
5
6
7
8
9
10
11
12
13
14
15
16
17

Glaube AN Dich

MO	DI	MI	DO	FR	SA	SO

TO DO

JUNI

1	
2	
3	
4	
5	
6	
7	
8	
9	
10	
11	
12	
13	
14	
15	
16	
17	
18	
19	
20	
21	
22	
23	
24	
25	
26	
27	
28	
29	
30	

Juni

Montag

Dienstag

Mittwoch

	M	D	M	D	F	S	S
1							
2							
3							
4							
5							
6							
7							
8							
9							
10							

Woche

Donnerstag

Freitag

Samstag

was koche ich

MO

DI

MI

DO

FR

SA

SO

dankbar

Sonntag

Juni ☐.-☐.☐

Montag

Dienstag

Mittwoch

Donnerstag

Freitag

Samstag

Sonntag

Woche

	M	D	M	D	F	S	S
1							
2							
3							
4							
5							
6							
7							
8							
9							
10							

was koche ich

MO

DI

MI

DO

FR

SA

SO

dankbar

- [ ]
- [ ]
- [ ]
- [ ]
- [ ]
- [ ]

Juni . - .

was koche ich

MO

DI

MI

DO

FR

SA

SO

Montag

Dienstag

Mittwoch

Donnerstag

Woche

Freitag

	M	D	M	D	F	S	S
1							
2							
3							
4							
5							
6							
7							
8							
9							
10							

Samstag

dankbar

Sonntag

genug getrunken ?

MO

DI

MI

DO

FR

SA

SO

Juni . - .

	M	D	M	D	F	S	S
1							
2							
3							
4							
5							
6							
7							
8							
9							
10							

was koche ich

MO

DI

MI

DO

FR

SA

SO

dankbar

Woche

Montag

Dienstag

Mittwoch

Donnerstag

Freitag

Samstag

Sonntag

Juni ___ . - ___ . ___

Montag

genug getrunken ?

MO							
DI							
MI							
DO							
FR							
SA							
SO							

Dienstag

Mittwoch

Donnerstag

was koche ich

MO

DI

MI

DO

FR

SA

SO

	M	D	M	D	F	S	S
1							
2							
3							
4							
5							
6							
7							
8							
9							
10							

Woche

Freitag

Samstag

Sonntag

dankbar

- [ ] ....
- [ ] ....
- [ ] ....

- [ ] ....
- [ ] ....
- [ ] ....
- [ ] ....

HABIT TRACKER

Juni

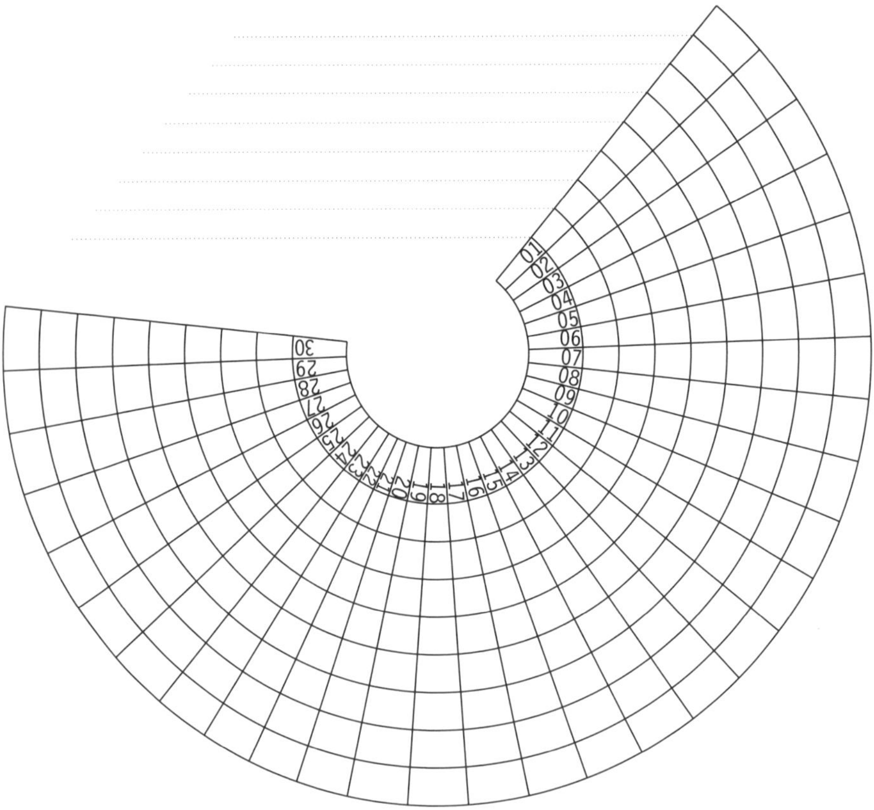

Schöne Momente & Positive Gedanken

JULI

juli

Pläne , Wünsche , Ziele

1
2
3
4
5
6
7
8
9
10
11
12
13
14
15
16
17

Sei DANKBAR

MO	DI	MI	DO	FR	SA	SO

TO DO

JULI

1	
2	
3	
4	
5	
6	
7	
8	
9	
10	
11	
12	
13	
14	
15	
16	
17	
18	
19	
20	
21	
22	
23	
24	
25	
26	
27	
28	
29	
30	
31	

1
2
3
4
5
6
7
8
9
10
11
12
13
14
15
16
17
18
19
20
21
22
23
24
25
26
27
28
29
30
31

Juli . - .

Montag

Dienstag

Mittwoch

	M	D	M	D	F	S	S
1							
2							
3							
4							
5							
6							
7							
8							
9							
10							

Woche

Donnerstag

Freitag

Samstag

was koche ich

MO

DI

MI

DO

FR

SA

SO

Sonntag

dankbar

Juli ☐. - ☐. ☐

Montag

Dienstag

Mittwoch

Donnerstag

Freitag

Samstag

Sonntag

Woche

	M	D	M	D	F	S	S
1							
2							
3							
4							
5							
6							
7							
8							
9							
10							

was koche ich

MO

DI

MI

DO

FR

SA

SO

dankbar

Juli . - .

was koche ich

MO

DI

MI

DO

FR

SA

SO

Montag

Dienstag

Mittwoch

Donnerstag

Woche

Freitag

	M	D	M	D	F	S	S
1							
2							
3							
4							
5							
6							
7							
8							
9							
10							

Samstag

dankbar

Sonntag

genug getrunken ?

MO							
DI							
MI							
DO							
FR							
SA							
SO							

Juli . - .

	M	D	M	D	F	S	S
1							
2							
3							
4							
5							
6							
7							
8							
9							
10							

was koche ich

MO

DI

MI

DO

FR

SA

SO

dankbar

Woche

Montag

Dienstag

Mittwoch

Donnerstag

Freitag

Samstag

Sonntag

Juli __ . - __ . ____

Montag

Dienstag

Mittwoch

Donnerstag

genug getrunken ?

MO							
DI							
MI							
DO							
FR							
SA							
SO							

was koche ich

MO

DI

MI

DO

FR

SA

SO

	M	D	M	D	F	S	S
1							
2							
3							
4							
5							
6							
7							
8							
9							
10							

Woche

Freitag

Samstag

Sonntag

dankbar

HABIT TRACKER

Juli

							01	02	03	04	05	06	07	08	09	10	11	12
13	14	15	16	17	18	19	20	21	22	23	24	25	26	27	28	29	30	31

							01	02	03	04	05	06	07	08	09	10	11	12
13	14	15	16	17	18	19	20	21	22	23	24	25	26	27	28	29	30	31

							01	02	03	04	05	06	07	08	09	10	11	12
13	14	15	16	17	18	19	20	21	22	23	24	25	26	27	28	29	30	31

							01	02	03	04	05	06	07	08	09	10	11	12
13	14	15	16	17	18	19	20	21	22	23	24	25	26	27	28	29	30	31

							01	02	03	04	05	06	07	08	09	10	11	12
13	14	15	16	17	18	19	20	21	22	23	24	25	26	27	28	29	30	31

							01	02	03	04	05	06	07	08	09	10	11	12
13	14	15	16	17	18	19	20	21	22	23	24	25	26	27	28	29	30	31

							01	02	03	04	05	06	07	08	09	10	11	12
13	14	15	16	17	18	19	20	21	22	23	24	25	26	27	28	29	30	31

							01	02	03	04	05	06	07	08	09	10	11	12
13	14	15	16	17	18	19	20	21	22	23	24	25	26	27	28	29	30	31

Schöne Momente & Positive Gedanken

AUGUST

august

Pläne , Wünsche , Ziele

1
2
3
4
5
6
7
8
9
10
11
12
13
14
15
16
17

Balance

MO	DI	MI	DO	FR	SA	SO

TO DO

AUGUST

1	
2	
3	
4	
5	
6	
7	
8	
9	
10	
11	
12	
13	
14	
15	
16	
17	
18	
19	
20	
21	
22	
23	
24	
25	
26	
27	
28	
29	
30	
31	

August . - .

Montag

Dienstag

Mittwoch

	M	D	M	D	F	S	S
1							
2							
3							
4							
5							
6							
7							
8							
9							
10							

Woche

Donnerstag

Freitag

Samstag

was koche ich

MO

DI

MI

DO

FR

SA

SO

Sonntag

dankbar

August . - .

Montag

Dienstag

Mittwoch

Donnerstag

Freitag

Samstag

Sonntag

Woche

	M	D	M	D	F	S	S
1							
2							
3							
4							
5							
6							
7							
8							
9							
10							

dankbar

was koche ich

MO

DI

MI

DO

FR

SA

SO

August . - .

was koche ich

MO

DI

MI

DO

FR

SA

SO

Montag

Dienstag

Mittwoch

Donnerstag

Woche

Freitag

	M	D	M	D	F	S	S
1							
2							
3							
4							
5							
6							
7							
8							
9							
10							

Samstag

dankbar

Sonntag

genug getrunken?

MO

DI

MI

DO

FR

SA

SO

August . - .

	M	D	M	D	F	S	S
1							
2							
3							
4							
5							
6							
7							
8							
9							
10							

was koche ich

MO

DI

MI

DO

FR

SA

SO

dankbar

Woche

Montag

Dienstag

Mittwoch

Donnerstag

Freitag

Samstag

Sonntag

August . - .

Montag

Dienstag

Mittwoch

Donnerstag

genug getrunken ?

MO							
DI							
MI							
DO							
FR							
SA							
SO							

was koche ich

MO

DI

MI

DO

FR

SA

SO

	M	D	M	D	F	S	S
1							
2							
3							
4							
5							
6							
7							
8							
9							
10							

Woche

Freitag

Samstag

Sonntag

dankbar

HABIT TRACKER

August

31								
30								
29								
28								
27								
26								
25								
24								
23								
22								
21								
20								
19								
18								
17								
16								
15								
14								
13								
12								
11								
10								
09								
08								
07								
06								
05								
04								
03								
02								
01								

Schöne Momente & Positive Gedanken

SEPTEMBER

september

Pläne , Wünsche , Ziele

1
2
3
4
5
6
7
8
9
10
11
12
13
14
15
16
17

LEBE DEINEN *Traum*

MO	DI	MI	DO	FR	SA	SO

TO DO

SEPTEMBER

1	
2	
3	
4	
5	
6	
7	
8	
9	
10	
11	
12	
13	
14	
15	
16	
17	
18	
19	
20	
21	
22	
23	
24	
25	
26	
27	
28	
29	
30	

1
2
3
4
5
6
7
8
9
10
11
12
13
14
15
16
17
18
19
20
21
22
23
24
25
26
27
28
29
30

September . - .

Montag

Dienstag

Mittwoch

	M	D	M	D	F	S	S
1							
2							
3							
4							
5							
6							
7							
8							
9							
10							

Woche

Donnerstag

Freitag

Samstag

was koche ich

MO

DI

MI

DO

FR

SA

SO

Sonntag

dankbar

September .-.

Montag

Dienstag

Mittwoch

Donnerstag

Freitag

Samstag

Sonntag

Woche

	M	D	M	D	F	S	S
1							
2							
3							
4							
5							
6							
7							
8							
9							
10							

dankbar

was koche ich

MO

DI

MI

DO

FR

SA

SO

September .-.

was koche ich

MO

DI

MI

DO

FR

SA

SO

Montag

Dienstag

Mittwoch

Donnerstag

Woche

Freitag

	M	D	M	D	F	S	S
1							
2							
3							
4							
5							
6							
7							
8							
9							
10							

Samstag

dankbar

Sonntag

genug getrunken ?

MO

DI

MI

DO

FR

SA

SO

September . - .

	M	D	M	D	F	S	S
1							
2							
3							
4							
5							
6							
7							
8							
9							
10							

was koche ich

MO

DI

MI

DO

FR

SA

SO

dankbar

Woche

Montag

Dienstag

Mittwoch

Donnerstag

Freitag

Samstag

Sonntag

September . - .

Montag

genug getrunken?

MO							
DI							
MI							
DO							
FR							
SA							
SO							

Dienstag

Mittwoch

Donnerstag

was koche ich

MO

DI

MI

DO

FR

SA

SO

	M	D	M	D	F	S	S
1							
2							
3							
4							
5							
6							
7							
8							
9							
10							

Woche

Freitag

Samstag

Sonntag

dankbar

- [ ] ....
- [ ] ....
- [ ] ....

- [ ] ....
- [ ] ....
- [ ] ....
- [ ] ....

HABIT TRACKER

September

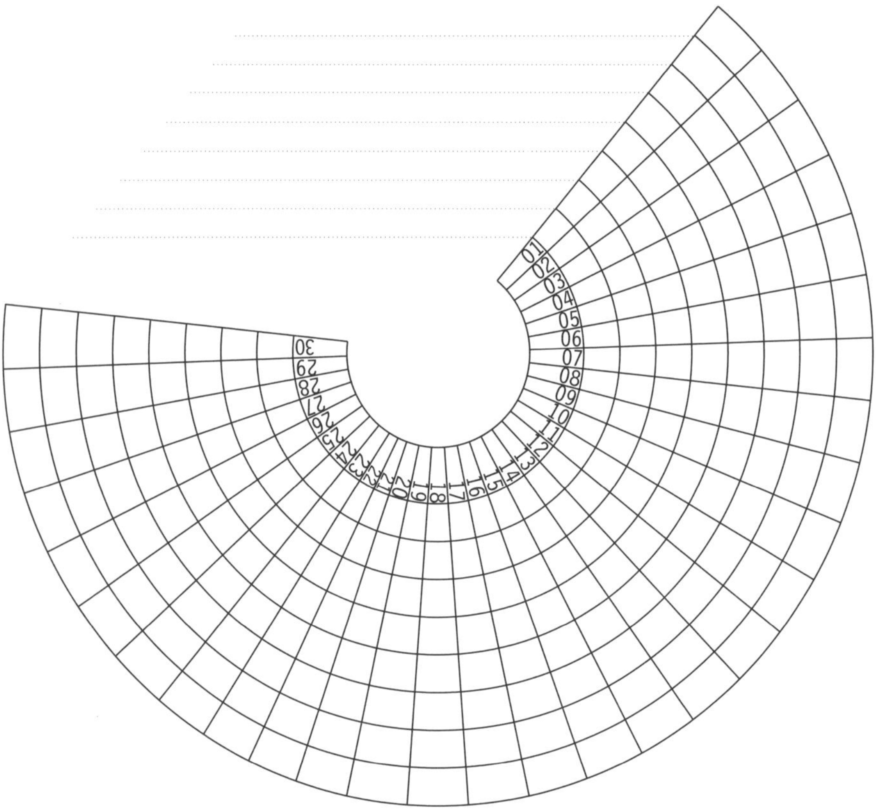

Schöne Momente & Positive Gedanken

OKTOBER

oktober

Pläne , Wünsche , Ziele

1
2
3
4
5
6
7
8
9
10
11
12
13
14
15
16
17

Glück ist kostenlos

MO	DI	MI	DO	FR	SA	SO

TO DO

OKTOBER

1	
2	
3	
4	
5	
6	
7	
8	
9	
10	
11	
12	
13	
14	
15	
16	
17	
18	
19	
20	
21	
22	
23	
24	
25	
26	
27	
28	
29	
30	
31	

1
2
3
4
5
6
7
8
9
10
11
12
13
14
15
16
17
18
19
20
21
22
23
24
25
26
27
28
29
30
31

☐ .... ☐ ....

☐ .... ☐ ....

☐ .... ☐ ....

Oktober . - .

Montag

Dienstag

Mittwoch

	M	D	M	D	F	S	S
1							
2							
3							
4							
5							
6							
7							
8							
9							
10							

Woche

Donnerstag

Freitag

Samstag

was koche ich

MO

DI

MI

DO

FR

SA

SO

Sonntag

dankbar

Oktober . - .

Montag

Dienstag

Mittwoch

Donnerstag

Freitag

Samstag

Sonntag

Woche

	M	D	M	D	F	S	S
1							
2							
3							
4							
5							
6							
7							
8							
9							
10							

was koche ich

MO

DI

MI

DO

FR

SA

SO

dankbar

Oktober ___ . - ___ . ______

was koche ich

MO ______

DI ______

MI ______

DO ______

FR ______

SA ______

SO

Montag

Dienstag

Mittwoch

Donnerstag

- [ ] ....
- [ ] ....
- [ ] ....
- [ ] ....
- [ ] ....
- [ ] ....

Woche

Freitag

M D M D F S S

1
2
3
4
5
6
7
8
9
10

Samstag

dankbar

Sonntag

genug getrunken?

MO
DI
MI
DO
FR
SA
SO

Oktober . - .

	M	D	M	D	F	S	S
1							
2							
3							
4							
5							
6							
7							
8							
9							
10							

was koche ich

MO

DI

MI

DO

FR

SA

SO

dankbar

Woche

Montag

Dienstag

Mittwoch

Donnerstag

Freitag

Samstag

Sonntag

Oktober ____ . - ____ . ____

Montag

Dienstag

Mittwoch

Donnerstag

genug getrunken ?

MO							
DI							
MI							
DO							
FR							
SA							
SO							

was koche ich

MO

DI

MI

DO

FR

SA

SO

	M	D	M	D	F	S	S
1							
2							
3							
4							
5							
6							
7							
8							
9							
10							

Woche

Freitag

Samstag

Sonntag

dankbar

HABIT TRACKER

Oktober

							01	02	03	04	05	06	07	08	09	10	11	12
13	14	15	16	17	18	19	20	21	22	23	24	25	26	27	28	29	30	31

							01	02	03	04	05	06	07	08	09	10	11	12
13	14	15	16	17	18	19	20	21	22	23	24	25	26	27	28	29	30	31

							01	02	03	04	05	06	07	08	09	10	11	12
13	14	15	16	17	18	19	20	21	22	23	24	25	26	27	28	29	30	31

							01	02	03	04	05	06	07	08	09	10	11	12
13	14	15	16	17	18	19	20	21	22	23	24	25	26	27	28	29	30	31

							01	02	03	04	05	06	07	08	09	10	11	12
13	14	15	16	17	18	19	20	21	22	23	24	25	26	27	28	29	30	31

							01	02	03	04	05	06	07	08	09	10	11	12
13	14	15	16	17	18	19	20	21	22	23	24	25	26	27	28	29	30	31

							01	02	03	04	05	06	07	08	09	10	11	12
13	14	15	16	17	18	19	20	21	22	23	24	25	26	27	28	29	30	31

							01	02	03	04	05	06	07	08	09	10	11	12
13	14	15	16	17	18	19	20	21	22	23	24	25	26	27	28	29	30	31

Schöne Momente & Positive Gedanken

NOVEMBER

november

Pläne , Wünsche , Ziele

1
2
3
4
5
6
7
8
9
10
11
12
13
14
15
16
17

Lache viel

MO	DI	MI	DO	FR	SA	SO

TO DO

NOVEMBER

1	
2	
3	
4	
5	
6	
7	
8	
9	
10	
11	
12	
13	
14	
15	
16	
17	
18	
19	
20	
21	
22	
23	
24	
25	
26	
27	
28	
29	
30	

1
2
3
4
5
6
7
8
9
10
11
12
13
14
15
16
17
18
19
20
21
22
23
24
25
26
27
28
29
30

November . - .

Montag

Dienstag

Mittwoch

	M	D	M	D	F	S	S
1							
2							
3							
4							
5							
6							
7							
8							
9							
10							

Woche

Donnerstag

Freitag

Samstag

was koche ich

MO

DI

MI

DO

FR

SA

SO

Sonntag

dankbar

November .-.

Montag

Dienstag

Mittwoch

Donnerstag

Freitag

Samstag

Sonntag

Woche

	M	D	M	D	F	S	S
1							
2							
3							
4							
5							
6							
7							
8							
9							
10							

dankbar

was koche ich

MO

DI

MI

DO

FR

SA

SO

November ☐. - ☐. ☐

was koche ich

MO

DI

MI

DO

FR

SA

SO

Montag

Dienstag

Mittwoch

Donnerstag

- [ ] ....
- [ ] ....
- [ ] ....
- [ ] ....
- [ ] ....
- [ ] ....

Woche

Freitag

	M	D	M	D	F	S	S
1							
2							
3							
4							
5							
6							
7							
8							
9							
10							

Samstag

dankbar

Sonntag

genug getrunken ?

MO

DI

MI

DO

FR

SA

SO

November . - .

	M	D	M	D	F	S	S
1							
2							
3							
4							
5							
6							
7							
8							
9							
10							

dankbar

was koche ich

MO

DI

MI

DO

FR

SA

SO

Woche

Montag

Dienstag

Mittwoch

Donnerstag

Freitag

Samstag

Sonntag

November . - .

Montag

Dienstag

genug getrunken ?

MO							
DI							
MI							
DO							
FR							
SA							
SO							

Mittwoch

Donnerstag

was koche ich

MO

DI

MI

DO

FR

SA

SO

	M	D	M	D	F	S	S
1							
2							
3							
4							
5							
6							
7							
8							
9							
10							

Woche

Freitag

Samstag

Sonntag

dankbar

HABIT TRACKER

November

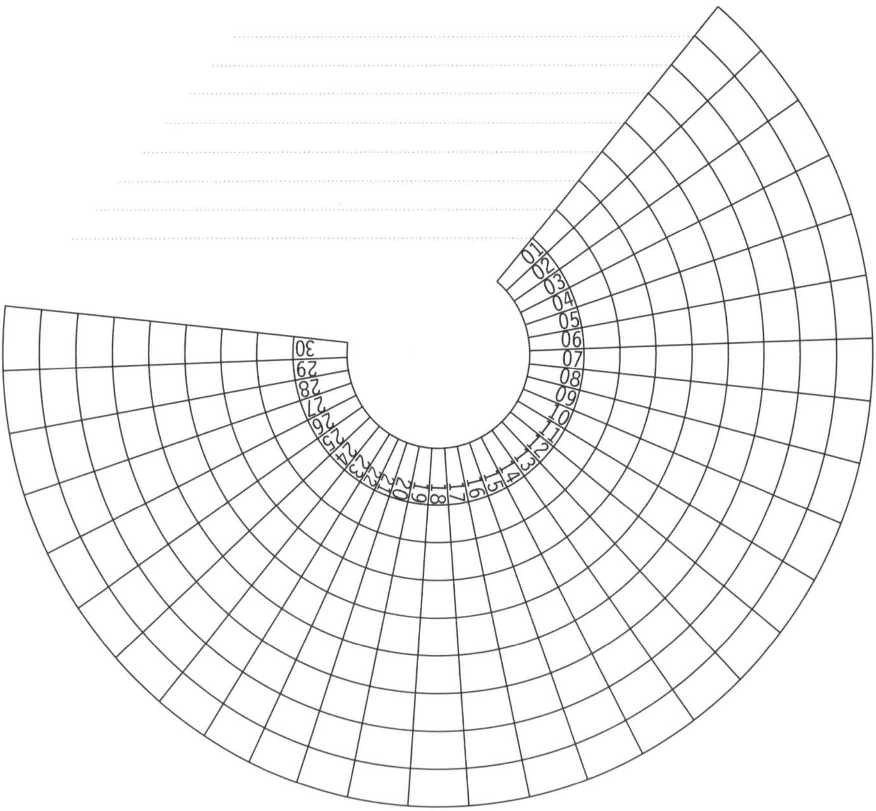

Schöne Momente & Positive Gedanken

DEZEMBER

dezember

Pläne , Wünsche , Ziele

1
2
3
4
5
6
7
8
9
10
11
12
13
14
15
16
17

Lebensfreude

MO	DI	MI	DO	FR	SA	SO

TO DO

DEZEMBER

1	
2	
3	
4	
5	
6	
7	
8	
9	
10	
11	
12	
13	
14	
15	
16	
17	
18	
19	
20	
21	
22	
23	
24	
25	
26	
27	
28	
29	
30	
31	

1
2
3
4
5
6
7
8
9
10
11
12
13
14
15
16
17
18
19
20
21
22
23
24
25
26
27
28
29
30
31

☐ ....

☐ ....

☐ ....

☐ ....

☐ ....

☐ ....

Dezember . - .

Montag

Dienstag

Mittwoch

	M	D	M	D	F	S	S
1							
2							
3							
4							
5							
6							
7							
8							
9							
10							

Woche

Donnerstag

Freitag

Samstag

was koche ich

MO

DI

MI

DO

FR

SA

SO

Sonntag

dankbar

Dezember . - .

Montag

Dienstag

Mittwoch

Donnerstag

Freitag

Samstag

Sonntag

Woche

	M	D	M	D	F	S	S
1							
2							
3							
4							
5							
6							
7							
8							
9							
10							

was koche ich

MO

DI

MI

DO

FR

SA

SO

dankbar

Dezember . - .

was koche ich

MO

DI

MI

DO

FR

SA

SO

Montag

Dienstag

Mittwoch

Donnerstag

- [ ] ....
- [ ] ....
- [ ] ....

- [ ] ....
- [ ] ....
- [ ] ....

Woche

Freitag

	M	D	M	D	F	S	S
1							
2							
3							
4							
5							
6							
7							
8							
9							
10							

Samstag

dankbar

Sonntag

genug getrunken ?

MO

DI

MI

DO

FR

SA

SO

Dezember __ . - __ . ____

	M	D	M	D	F	S	S
1							
2							
3							
4							
5							
6							
7							
8							
9							
10							

dankbar

was koche ich

MO

DI

MI

DO

FR

SA

SO

- [ ]
- [ ]
- [ ]
- [ ]
- [ ]
- [ ]

Woche

Montag

Dienstag

Mittwoch

Donnerstag

Freitag

Samstag

Sonntag

Dezember . - .

Montag

Dienstag

genug getrunken ?

MO
DI
MI
DO
FR
SA
SO

Mittwoch

Donnerstag

was koche ich

MO
DI
MI
DO
FR
SA
SO

	M	D	M	D	F	S	S
1							
2							
3							
4							
5							
6							
7							
8							
9							
10							

Woche

Freitag

Samstag

Sonntag

dankbar

HABIT TRACKER

Dezember

31								
30								
29								
28								
27								
26								
25								
24								
23								
22								
21								
20								
19								
18								
17								
16								
15								
14								
13								
12								
11								
10								
09								
08								
07								
06								
05								
04								
03								
02								
01								

Schöne Momente & Positive Gedanken

mein Jahr in Pixeln

	J	F	M	A	M	J	J	A	S	O	N	D
1												
2												
3												
4												
5												
6												
7												
8												
9												
10												
11												
12												
13												
14												
15												
16												
17												
18												
19												
20												
21												
22												
23												
24												
25												
26												
27												
28												
29												
30												
31												

möchte ich lesen

möchte ich sehen

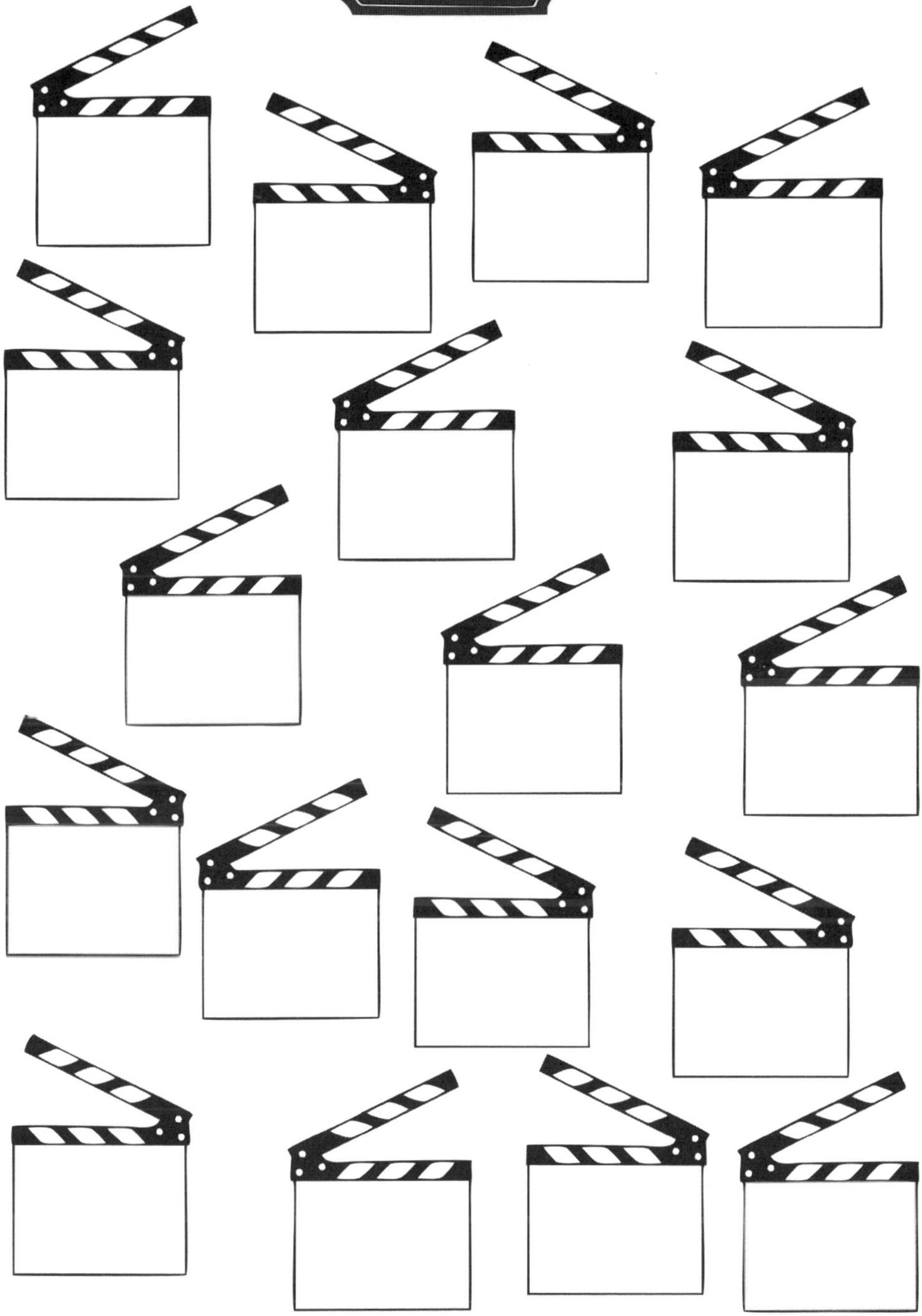

DANKE

Schön, dass du dieses Journal gefunden hast und anfangen kannst,
deine Gefühlswelt besser zu verstehen.

Am besten lernst du das System der Mood Tracker zuerst einmal kennen und übst dich im Führen deines Tagebuches. Später kannst du dann auch dein eigenes System erstellen, mit genau den Trackern, die dir weiterhelfen und die dir wichtig sind. Ich habe dir für den Anfang in diesem Planer einige Tracker zusammengestellt. So bekommst du ein Gefühl, wie das Tracken funktioniert.

Wenn du später dein eigenes Bullet Diary mit deinen individuellen Mood Trackern erstellst, dann wirst zu sehen, wie hilfreich diese Methode ist und wie du mit ihr Schritt für Schritt zu mehr Zufriedenheit gelangst.

Wenn du unter Hashtags wie #moodtracker oder #moodjournal in den Sozialen Medien suchst, wirst du viele tolle, inspirierende Beispiele und auch Gleichgesinnte finden, die sich mit diesem spannenden Thema beschäftigen.

Vielen Dank und ganz viel Spaß!

Michelle

(Autorin und Founder von Gero Kreativ)

Impressum

ILLUSTRATIONEN: Michelle Tiemann
PRODUKTMANAGEMENT: Claudia Mack
LEKTORAT: Annette Gerstenkorn, Bochum
UMSCHLAGSGESTALTUNG & HERSTELLLUNG: Katrin Röhlig
SATZ: FSM Premedia GmbH & Co. KG, Münster
DRUCK: Neografia, Slowakei

1. Auflage 2018

ISBN 978-3-7724-4914-7 • Best.-Nr. 4914